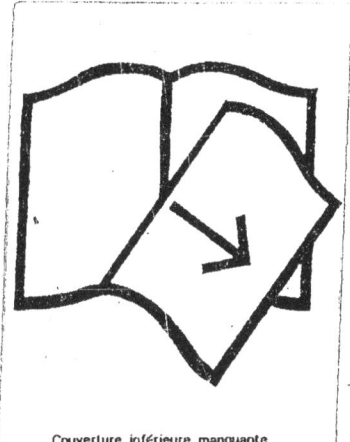

Couverture inférieure manquante

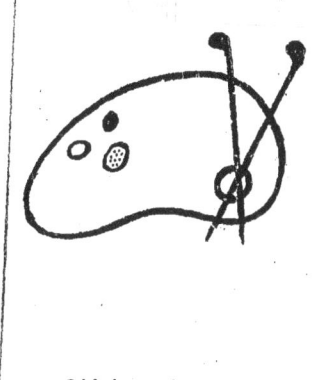

Original en couleur
NF Z 43-120-8

LE
DUEL JUDICIAIRE

DU COMTE DE FAUQUEMBERGUE

ET DU SEIGNEUR DE SOREL

(Mons, 29 juin 1372)

AVEC DES NOTES

sur les comtes de Fauquembergue

Par M. BRASSART

membre correspondant à Douai de la Société des Antiquaires
de la Morinie.

SAINT-OMER
IMPRIMERIE ET LITHOGRAPHIE H. D'HOMONT
14, rue des Clouteries, 14
1884

LE DUEL JUDICIAIRE

DU COMTE DE FAUQUEMBERGUE & DU SEIGNEUR DE SOREL

(Mons, 29 juin 1372)

avec des notes sur les comtes de Fauquembergue

LE
DUEL JUDICIAIRE

DU COMTE DE FAUQUEMBERGUE

ET DU SEIGNEUR DE SOREL

(Mons, 29 juin 1372)

AVEC DES NOTES

sur les comtes de Fauquembergue

Par M. BRASSART

membre correspondant à Douai de la Société des Antiquaires
de la Morinie.

SAINT-OMER
IMPRIMERIE ET LITHOGRAPHIE H. D'HOMONT
14, rue des Clouteries, 14
1884

Extrait du tome XIX des Mémoires de la Société des Antiquaires de la Morinie.

LE DUEL JUDICIAIRE

Les comptes du grand bailliage de Hainaut et d'autres comptes des prévôtés du même comté, reposant aux archives départementales du Nord à Lille, nous révèlent un incident curieux de l'an 1372 dont les chroniques locales ne semblent point avoir gardé le souvenir : deux seigneurs justiciables de la cour de Mons eurent recours au duel pour terminer un différend. Cette pratique judiciaire pouvait alors être invoquée en Hainaut : cela n'est point douteux ; mais il est certain aussi que, si elle n'était pas encore définitivement abolie, on n'y recourait plus guère et l'obstination des parties à vouloir s'en servir constituait un véritable événement et une sorte de crise dangereuse pour l'ordre et la sûreté du pays.

Or donc il y avait à la cour de Mons, entre le comte de Fauquembergue et le seigneur de Sorel, un litige, très-probablement de nature civile, pour la terminaison duquel les parties demandaient un « camp », afin d'empêcher qu'elles n'en vinssent à cette extrémité, le bailli de Hainaut, assisté du seigneur de Lannais, personnage important du comté (que nous trouvons prévôt-le-comte de Valenciennes au 23 août 1372), essaye, mais en vain, de « traiter aucun bon appointement » entre les adversaires, sorte de préliminaire de conciliation que les comptes appellent « les deux premières journées du camp » : cela se passait à Mons, les 23 et 24 février 1372 (nouveau style).

L'affaire des « campions » ou champions suit son cours et est renvoyée « as prochains plais » fixés à Mons vers la fin d'avril ; dès la mi-mars, « au service à Condé » où se trouvent réunis plusieurs seigneurs du comté, on les prie de venir « as plais, pour la cour renforcer à cause du camp devant dit » ; d'autres convocations sont faites, au nom du bailli, à Maubeuge, Binche, Trazegnies, Espinois, etc. et, le 15 mars, le prévôt de Maubeuge, « messire Jehan de Le Poele, chevalier, bastard de Hainaut » (qui avait été lui-même bailli de Hainaut en 1366). part pour La Haye en Hollande, « du command monsieur le bailli », trouver le duc Aubert de Bavière, régent de Hainaut et de Hollande (au nom de son frère aîné, le duc Guillaume, comte de Hainaut et de Hollande, privé de raison), pour lui faire un rapport sur « plusieurs besoingnes qui estoient adont périlleuses au pays de Hainaut, si comme à cause du camp empris entre le comte de Fauquembergue et le seigneur de Sorel ». Le 25 mars, le bailli écrit au duc, qui continuait à séjourner en Hollande, lui « segnefiant l'estat des campions » et insistant pour que lui-même ou « aucuns de ses chevaliers » soient présents « à la journée des plais », pour « l'honneur de luy et de la cour » de Mons.

Les plaids, avons-nous dit, étaient fixés pour la fin d'avril, mais ils furent précipitamment décommandés le 15, à cause d'un voyage du bailli en Hollande vers le duc ; des messagers coururent chercher à Tournai et à Cambrai le seigneur de Sorel, afin qu'il n'ignorât point « le contreman de la journée » Le duc Aubert ne se souciait pas, semble-t-il, de présider au duel et ses sujets au contraire réclamaient instamment sa présence ou son intervention.

Le jour du champ clos fut définitivement fixé au mardi 29 juin et le duc promit sans doute à son bailli d'y assister. Cependant on était au 20 juin et le duc n'arrivait pas : nouvelle lettre du bailli au duc Aubert, qui séjournait en ce moment à Aix-la-Chapelle, le « priant pour Dieu que revenir volsist au camp à Mons ». C'est probablement alors qu'on sut que définitivement le duc ne viendrait point ; mais la duchesse (Marguerite de Brieg) résidait dans le pays, au Quesnoy ; son sexe, il est vrai, lui interdisait de suppléer son mari et de présider à ce duel ; toutefois le bailli lui écrivit, le dimanche 27 juin, « pour la cause des campions » et ce jour-là « vint medite dame à Saint-Ghillain » (1), assez près de Mons.

Pendant ce temps, on préparait le « camp » pour la « bataille », dans un terrain clos de fossés et le détail des dépenses faites à cette occasion est bien certainement la partie la plus curieuse des documents que nous publions ; chose à noter, les ouvrages ou « marchandises du camp » avaient été adjugés au rabais, après publications faites en divers lieux. On distinguait le parc de la bataille ou grand parc, le petit parc et le « castelet ». Le grand parc était fermé

(1) « Pour les despens medame le ducesse fais à Saint-Gillain et à Cambron, par ij jours oudit mois de juing ». *Extraits des comptes de la recette générale de l'ancien comté de Hainaut,* Mons, 1871, in-8, I, p. 134.

au moyen de cordes et de cent six poteaux reliés par des traverses, le tout formant quatre murs ou cloisons de bois ; le sol en fut soigneusement aplani. L'autre parc était clos par cent quatre-vingt-six poteaux. La maison du « castelet », réservée aux seigneurs chargés du rôle de juge du champ clos, était garnie de trois « couvretures rouges de Valenciennes ».

L'un des grands points était d'assurer le maintien de l'ordre : chose difficile en ce temps-là, où la force armée faisait défaut lorsqu'on était en paix. Le bailli, qui d'ordinaire n'avait qu'un nombre assez restreint de sergents à sa disposition, eut la précaution, trois jours avant le duel, de renforcer sa petite troupe : celle-ci compta jusqu'à vingt hommes à cheval. En outre, il avait mandé les prévôts-le-comte des villes voisines, ses subordonnés, afin de disposer de forces respectables. Le lundi 28 juin, veille du « camp », entrèrent à Mons : le prévôt de Valenciennes, à la tête d'une troupe de dix-neuf chevaux et quarante arbalétriers et archers de la ville et celui de Maubeuge, avec douze chevaux et une vingtaine d'arbalétriers. Signalons aussi le prévôt du Quesnoy, qui amena « plusieurs compagnons montés et armés », ainsi que seize arbalétriers de la ville. Le jour même du « camp », le prévôt de Binche, par ordre du bailli, vint le renforcer de « plusieurs compagnons » et de dix arbalétriers.

Sur cette fameuse « journée du camp », les comptes ne contiennent point le plus petit renseignement, de sorte que leur mutisme nous empêche de savoir quel en fut le résultat ; mais grâce à eux nous connaissons les incidents des journées suivantes. Le mercredi 30 juin, « lendemain de le journée que le camp deubt estre », la duchesse vient voir « l'ordenance dudit camp »; à l'occasion de sa visite, elle donne vingt sols aux ouvriers « pour aller boire »; le même jour, elle envoye vers le duc Aubert, à Aix-la-Chapelle, un chambellan chargé sans doute de faire un rapport sur l'issue de l'affaire et de décider son maître à revenir en Hainaut. Enfin celui-ci parut, le samedi 3 juillet, à Mons où la duchesse l'avait attendu et, le même jour « après disner », il partit pour le Quesnoy, alors résidence ordinaire des souverains du Hainaut.

Les frais du « camp » montèrent à 750 livres environ, dont plus de 385 grevaient le compte du grand bailliage et le surplus, les comptes des prévôtés. Cette dépense, assez importante pour l'époque, aurait-elle été mise plus tard, comme frais du procès, à la charge de la partie qui avait succombé? où est-elle restée définitivement à la charge du domaine? Pour essayer d'éclairer cette question de procédure, nous avons compulsé les comptes de la recette générale de Hainaut (1) de l'an 1372 et des années suivantes, mais sans y découvrir aucune trace d'une recette extraordinaire afférant au « camp » du comte de Fauquembergue et du sire de Sorel. Ceci et un passage de Monstrelet (2) nous permettent d'affirmer que la coutume mettait de telles dépenses à la charge du seigneur dont la cour avait ordonné qu'il serait procédé au duel judiciaire.

(1) Le Cercle archéologique de Mons en a publié des extraits pour le xive siècle, relevés par feu M. Losfeld, chef de bureau aux Archives départ. à Lille.

(2) *Chronique*, édit. Douët d'Arcq, Paris, 1857, in-8, I, p. 99 à propos d'un duel au Quesnoy, vers 1405. Le comte de Hainaut « livra lices et place, à ses despens, selon la coustume à ce introduite ».

Ce qui avait nécessité le « camp » du comte de Fauquembergue et du seigneur de Sorel était très-probablement, avons-nous dit, un procès civil : en effet nous allons retrouver, longtemps après la fameuse journée, l'un et l'autre champions parfaitement vivants et libres ; or on sait qu'après un duel ordonné pour cause de crime, le bourreau achevait le vaincu à qui l'adversaire avait laissé un souffle de vie.

Pour ce qui est de l'un des champions, on voit, le jeudi 31 mars 1373 (nouveau style), le duc Aubert et son conseil réunis au Quesnoy « pour la cause du seigneur de Sorel ». Il y a peut-être identité entre ce seigneur picard, Grart Mauvoisin, chevalier, seigneur de « Soriel », qui en 1375, le 24 avril, scellait un accord (1) et le vaillant chevalier, « sire de Soriel », qui, ayant suivi le duc d'Anjou (Louis, frère du roi Charles V) dans une expédition contre les Anglais, avec d'autres seigneurs picards et hennuyers, « messire Tristran de Roye, messire Jehan de Jumont », etc., périt à l'assaut de la petite ville de Duras en Guyenne, au mois d'octobre 1377 (2).

Nous sommes beaucoup plus riche en renseignements sur le comte de Fauquembergue, messire Jean *dit* Sansse de Beaumont *dit* de Beaurieu, châtelain de

---

(1) Douët d'Arcq, *Collection de sceaux,* Paris, 1863, in-4, I, n° 2765 ; sceau armorial à deux fasces et un lambel de trois pendants. En 1415 « Hue Malvoisin, *dit* Briffault de Soriel, chevalier, » testait à St-Quentin *(Une Vieille Généalogie de la maison de Wavrin,* Douai, 1877, in-8, p. 156).

(2) *Œuvres de Froissart,* édit. Kervyn, Bruxelles, 1869, in-8 ; Chroniques, IX, p. 22.

L'un des trois fiefs qui composaient la seigneurie de Gœulzin-lez-Douai, mouvant du château d'Oisy, était nommé de Sorel ; en 1310 il appartenait à messire Raoul de « Soriel ».

Saint-Omer, fils de Florent, chevalier, sire de Beaurieux (qui hérita en 1363 du comté de Fauquembergue et de la châtellenie ou vicomté de Saint-Omer et mourut vers le mois de décembre 1364) et de Béatrix de Lalaing (1), dame de Semeries (aujourd'hui Sepmeries, en Hainaut). Dans le compte du grand bailliage de Hainaut, du 1er mai 1369 au 24 juin 1370 (folios 2, 11 verso et 32 verso), on trouve sur lui les mentions suivantes : « De Monsr Sansse de Biaulriu, con'e de Faukenberghe, pour le terre de Semeries vendut à Monsr Gille Chabot. — Donné par le dame de Semeries, sur le comte de Fakemberghe, sen fil, pour iij^c frans dou Roy faire auoir. — Donné sur Pierchenaul de Biaulriu, pour une debte faire auoir à son frere. — A Pierchenaul de Biaulriu, pour j quint quil dut, si quil porte en recepte. Se li a ossi Mess. [le régent de Hainaut] despuis quittez. »

Une sentence arbitrale rendue à Mons, « en le maison Jehan de Hom », le mardi 9 janvier 1374 (vieux style), constate que « noble homme messires Piercenauls, sires de Biaurin, messires Lanselos de Biaulmont, ses freres, chevalier, Gerars dObies et Jehans de Malbuege, escuyer », avaient dû exercer des poursuites, devant le comte de Flandre « et sen noble et discret conseil, alencontre de tresnoble homme monsigneur Jehan dit Sansse de Biaulmont, conte de Faukenberghe et castellain de Saint Omer, pour yestre acquitteit de » 111 florins « dor appielleis frans franchois de rente, cascun an, que, pour et à le cause doudit conte », ils avaient vendus à viage à des bourgeois de Valenciennes ; et que, « pour bien de pais et damour », le comte et son conseil avaient

(1) *Le Blason de Lalaing*, Douai, 1879, in-8, I, 148.

décidé les parties à se soumettre à l'arbitrage du bailli de Hainaut, « Simons de Lalaing, sires de Hordaing, seneschauls d'Ostrouant, chevaliers ». La sentence arbitrale, acceptée par les parties, avec les termes de paiement, fut rendue « pour unitei et amour yestre et demorer entre ledit conte de Faukenberghe et les deux chevaliers, ses freres et les deus escuyers dessus nommés, qui pour lui sont obligiet » (1).

Sansse de Beaumont était un mangeur ou un besoigneux : aussi ne sut-il garder ni son comté de Fauquembergue ni sa châtellenie de Saint-Omer. Dès l'an 1367, il avait engagé son comté, comme le prouve un article des recettes du compte du domaine de Saint-Omer : « De Monsr le chastellain de Saint Omer, pour les droitures de se couté de Faukenberghe, quil a vendu à morwaige à Monsr laduoé de Terouwane, quil poet raccater dedens xij ans pour ij ^{m} et vj ^{c} frans. C'est pour le quint : v ^{c} et xx frans, dont on rabat, pour le tierch que Madame [la comtesse d'Artois] lui a quittié par ses lettres, viij ^{xx} xiij frans et ix gros » (2).

C'est ce qui explique les termes d'un accord passé, le 1er août 1368, entre « Sanses de Beaumont, chevaliers, chastellains de Saint Aumer, Eustaces de Confflans, chevaliers, advoez de Terewane, sires ad present de le ville et conté de Faulkemberghe », d'une part et la ville de Saint-Omer, d'autre part, au sujet des « frankes vérités ou plais generaulx de Faukembergue » (3).

---

(1) Archives départ. du Nord, chambre des comptes, carton B 949, pièce n° 10618. Au dos du parchemin, d'une écriture ancienne : « Laccort entre le conte de Fauken. et ses freres. »

(2) Archives départ. à Lille.

(3) *Mém. de la Société des Antiq. de la Morinie,* Saint-Omer,

Vers l'an 1372, il vend à réméré son comté à la comtesse douairière de Saint-Pol (1) : fait qui se trouve confirmé par l'article suivant du compte de 1373 du domaine de Saint-Omer : « De madame Jehane de Luscenbourc, contesse de Saint Pol douaiere, pour les ventes et droitures de le cónté de Faukenberghe quelle auoit acaté. Dont madame d Artois lui quita lesdites ventes et droitures pour viij c'frans. »

Quant à son office féodal de châtelain de Saint-Omer, il fut saisi par un créancier et adjugé en 1385 (2). Enfin Jean *dit* Sansse de Beaumont mourut vers l'an 1400, sans avoir pu réussir dans l'exercice de son droit de réméré sur le comté de Fauquembergue. Néanmoins toute sa vie il conserva son titre, sous lequel nous le trouvons nommé parmi les princes qui suivirent le roi Charles VI dans sa seconde expédition contre les Flamands et assistèrent au siège de Bourbourg en septembre 1383 (3). Il descendait des châtelains ou vicomtes de Beaumont en Hainaut, portant : De gueules à deux bars adossés d'argent.

Le sort du comté de Fauquembergue, depuis l'acquisition faite par la comtesse douairière de Saint-Pol, jusqu'à une autre vente, effectuée vers l'an 1505 et qui le fit encore quitter la ligne des descendants des antiques châtelains de Saint-Omer, pour se fixer

---

1876, in-8, XV, pp. 117 et 263. — Son sceau équestre (le bouclier et la housse aux armes de Saint-Omer), qui pend à cette charte, est décrit par M. Demay, *Invent. des sceaux de l'Artois*, Paris, 1877, in-4, n° 1801.

(1) Du Chesne, *Hist. de la maison de Chastillon*, Paris, 1621, in-4 ; Preuves, pp. 181-182.

(2) *Bibl. de l'école des chartes*, Paris, 1875, in-8, XXXVI, p. 116.

(3) Bibl. nation., Ms. fr. 2799 : Les Anciennes Chroniques de Flandre, compilées vers 1480, folios cc iiij ˣˣ vj verso et cc iiij ˣˣ viij.

définitivement dans l'illustre maison de Ligne (1), est retracé dans les articles suivants, extraits des comptes du domaine de Saint-Omer, au chapitre des recettes des droits de relief (2).

1387 (O 14, page 48). « Mʳ le comte de Saint-Pol, pour la comté de F., venue de madame Jeanne de Luxembourg. — Mʳ Wallerant de Raineval releva aussi ladite comté, qu'il disoit luy estre escheue ». Raineval était, par sa mère, neveu et héritier de la comtesse douairière de Saint-Pol, morte sans enfant (le P. Anselme, III, page 723 et VIII, page 616); quant au décès de cette comtesse, il est antérieur à l'année 1392, affirmée par les généalogistes (3).

(1) Un dénombrement de Fauquembergue, servi en 1786 par le prince de Ligne, est signalé à la page 870 de l'Invent. des reg. de la chambre des comptes et du bureau des finances, reposant aux Archives du Nord.
Dans le Ms. fr. 24046 de la Bibl. nation., renfermant des « Chroniques de Flandres et d'Artois » composées en 1572 par Louis Bresin, « coûtre » de la prévôté de Watten, on lit, au folio 892 : « 1571, octobre. Audit mois doctobre ou janvier, Monsʳ Philippe, comte de Ligne, vendit sa comté de Fauquenberghe à Monsʳ de Capres [Oudart de Bournonville, plus tard gouverneur d'Arras et comte d'Hénin-Liétard], pour lij mille florins ». — Cette vente ou plutôt ce projet de vente n'aura sans doute pas eu d'effet.

(2) Nous avons pris pour guide un travail fait, au siècle dernier, sous la direction de l'un des Godefroy et contenant les reliefs des fiefs de Saint-Omer, d'après les comptes du domaine, de 1355 à 1665; portefeuille O 14 de la chambre des comptes aux Archives du Nord. Plusieurs des comptes de Saint-Omer ont disparu depuis. Chaque fois que nous l'avons pu, nous nous sommes reportés au compte lui-même; lorsque celui-ci n'existe plus, nous reproduisons les renseignements, très-sommaires malheureusement, fournis par le portefeuille O 14.

(3) Cf. Du Chesne, *l. cit.* — Dans l'arrêt du parlement de 1403, ce décès est fixé en 1384 et en 1392 dans celui de 1409.

1406-1407, folio xxv verso. « De Mons¹ le vidaume d Amiens, auquel mondit S¹ [le duc Jean Sans-Peur], pour consideration des bons et agreables seruices que luy a fais iceluy messire le vidaume longuement et loialment, a donné et quittié lė relief et bail de la conté de Faukenberghe et des appartenances, montant à la somme de xxij livres parisis ou enuiron, à luy venue et succedée à cause de noble dame madame Jehenne, fille de feu messire Waleran de Rayneval, naguieres conte diceluy Fauquenberghe. Comme plus applain puet apparoir par lettres patentes de mondit S¹, données à Paris, le xvjᵉ jour dauril lan de grace mil CCCC et huit appres Pasques. » C'est donc encore à tort que les généalogistes ont affirmé que Waleran de Raineval, beau-père de Bauduin d'Ailly, serait mort en 1415 à la bataille d'Azincourt (le P. Anselme, VIII, page 617).

1410-1411, folio xxv verso. « De Jehan de Beaumont (1), escuier, conte de Faulquemberghe, pour le relief dicelle conté de Faulquembergue, laquelle est tenue du chastel dudit Saint Aumer, icelle conté naguieres adjugée audit escuier par messeigneurs du parlement : x livres. »

1415-1416, folio xxx verso. « De Gauthier de Beaurieu dit de Beaumont, escuier, pour le relief de toute la conté, seignourie et juridiction de Fauquenberghe,

---

(1) Fils de Gérard *dit* Lancelot, — cité dans la sentence de 1374 analysée ci-dessus — et neveu de celui qui, vers 1372, avait vendu le comté à réméré (Du Chesne, *l. cit.* d'après l'arrêt du parlement rendu le 28 janvier 1409, vieux style).

Il périt à Azincourt en 1415.

Sur sa veuve, Valencienne de La Viesville et sur sa sœur, [Jeanne] de Beaumont, veuve de [Fier-à-Bras, bâtard] de Vertain, voir pp. 47-48 de la *Notice hist. de l'ancienne ville et comté de Fauquembergues,* par l'abbé Robert, Saint-Omer, 1844, in-8.

venue et succedée audit Gauthier par le trespas de feu Monsr Jehan de Beaurieu dit de Beaumont, son frere, relevé ou mois de nouembre mil CCCC et quinze. »

1444 (O 14, page 83). « Monsr Antoine, s^r de Croy, comte de Porcien, s^r de Renty et d'Arscot, conseiller et premier chambellan de Monsr le duc de Bourgogne, s'est fait decreter sur la terre de F., — pour seurté de 400 frans de rente, — appartenante à Jean de Vertain (1), comte de F. et à Mad^{lle} Marguerite de La Vieuville, sa femme. »

Il est à remarquer que le sire de Croy, tout puissant auprès de son maître, le duc Philippe le Bon, avait cherché à faire déchoir dans la hiérarchie féodale et à reléguer au second rang le comté de F. qu'il prétendait transformer en un fief « descendant » de sa terre de Renty. Et cependant c'était bien cette terre-ci qui, vis-à-vis du comté de F., devait tenir le second rang, attendu que, depuis un temps immémorial, le sire de Renty était châtelain ou vicomte de

---

(1) Vivant en 1429 ; son sceau est décrit par M. Demay, *Invent. des sceaux de la Flandre,* I, n° 132. Fils de Fier-à-Bras, bâtard de Vertain, chevalier, sire de Familleureux, « moult renommé en armes » (son sceau, de l'an 1406, n° 1689) et de Jeanne de Beaumont *dit* de Beaurieu, veuve en 1411. — Cf. *Œuvres de Froissart,* édit. Kervyn, IX, 253 ; X, 124 ; XV, 228, 276, 282 ; XVI, 113 ; XXIII (table), 246. — Il ne faut point confondre Fier-à-Bras avec Watier de Vertain, sire d'Aubigny, second mari de Catherine de Waziers *(Une Vieille Généalogie de la maison de Wavrin,* p. 85).

En 1436, « Monsr le comte de Fauckemberge, seigneur de Pitgem, bailliu des bois de Haynnau », était conseiller du duc Philippe le Bon, aux « gaiges » de cent livres tournois (Archives du Nord, compte de la recette générale de Hainaut, 1436-1437, folio xxxvij verso).

Fauquembergue (1). Voici quelques passages des lettres patentes datées de Bruxelles, le 5 mai 1433 (2) et données par le duc en faveur, dit-il, de « nostre trescher et feal cousin, conseiller et premier chambellan, messire Anthoine, s^r de Croy et de Renty ».

« Pour laccroissement de sa terre de Renti, quil tient de nous en fief, de nostre chastel de Saint Omer (3) et afin que, à l'occasion de la justice et seignourie dudit lieu de Renti, qui est joingnant ou assez prez de la conté, ville, justice et seignourie de Fauquenberghe, qui est tenue aussi en fief de nous, à cause de nostre dit chastel de Saint Omer et aucunement enclauées lune en lautre, aucuns debas ou questions ne naissent entre nostre dit cousin de Croy ou ses h^{rs} [héritiers], seigneurs de Renti et ledit conte de Faucquenberghe : dont grans haynes se pourroient esleuer (4). Auons donné à nostre dit cousin, seigneur

---

(1) Bouthors, *Coutumes locales*, II, pp. 650 et 657.

(2) Archives du Nord, chambre des comptes, B 1605, 10° reg. des chartes, folio xv.

(3) Dans le compte de « le baillie » de St-Omer, du terme de l'Ascension 1370, au folio 4 verso, parmi les « explois et droitures », on trouve la mention d'un relief de la terre de Renty : « De le demiselle de Crohi et de Renti, rechupt pour iiij reliefs de ledi. terre, tant pour liretaige, comme pour le bail, par le main de messire Warin de Becoud, pour cascun relief x livres parisis. Sont : xl livres. » Il s'agit ici d'Isabeau, héritière de Renty, veuve, vers 1370, de Guillaume de Croy, écuyer, qu'elle avait épousé vers 1354; dont : Jean, chevalier, sire de Croy et de Renty, tué à Azincourt en 1415.

En 1357, « noble homme monseigneur Warin, seigneur de Becoud, chevalier », était gouverneur du comté de Blois (*Revue des Sociétés savantes*, Paris, 1879, in-8, 6° série, VIII, p. 105). — Warin, sire de « Becoud » ou de Bécourt, cessa d'être bailli de St-Omer en décembre 1370 (Demay, *Sceaux de l'Artois*, n° 1451).

(4) La décision prise par le duc n'était-elle pas de nature à

de Renti, tout le droit de lommaige, haulteur, justice et seignourie que auons en ladite conté de Fauquenberghe, ainsi et par la maniere que ledit conte le tient à present de nous, à cause de nostre dit chastel et chastellenie de Saint Omer. Et voulons que, depuis ores en auant, ledit conte de Fauquenberghe et ses h{rs} tiengnent icelle conté, terre et seignourie de Fauquenberghe de nostre dit cousin et de ses successeurs, à cause de son chastel de Renti, aux seruices, ainsi et par la maniere que, par auant ledit don, il le tenoit de nous. Et lequel hommaige nous auons adjouinct [adjoint], auni et incorporé audit fief de Renti, voulans et declarans que desmaintenant icelles deux seignouries (1) soient et demeurent à tousjoursmais ung seul membre et fief, que nostre dit cousin et ses dits successeurs, seigneurs de Renti, tenront de nous et de noz successeurs, contes et contesses d'Art{s} [Artois], à cause de nostre dit chastel de Saint Omer, en parrie, à dix liures parisis de relief. Et duquel hommaige et fief, ainsi par nous donné et adjoinct audit fief et seignourie de Renti, icellui nostre cousin de Croy nous a fait le hommaige et les seruices et solemnitez à ce introduites et acoustumées : à quoy lauons receu. Par ainsi que lui auons enjoinct den faire la feaulté en la main de nostre bailli de Saint Omer, presens aucuns noz pers ou hommes de fief audit lieu et de, à icellui nostre bailli, en bailler le rapport et denombrement toutes et quantesfois que sommez ou requis en sera. Sauf en ce nostre haul-

---

envenimer, plutôt qu'à apaiser ces haines entre les deux seigneurs voisins ?

(1) La terre de Renty et l'hommage de Fauquembergue ajouté à celle-ci.

teur, ressort et souueraineté en nostre court de nostre dit chastel de Saint Omer. »

Comme c'est au domaine que le sire de Croy paya en 1444 les droits seigneuriaux pour une rente qu'il avait acquise sur le comté de F. (O 14, page 83), il n'est pas douteux que les lettres patentes du 5 mai 1433 n'aient été presque aussitôt modifiées ou annulées et que le comté de F. n'ait continué à mouvoir directement du château de Saint-Omer, membre du comté d'Artois. Les citations suivantes ne laissent point à cet égard le moindre doute

1474-1475. folio 1 verso. « De Englebert de Vertain (1), escuier, pour le relief et cambrelaige de la terre et seignourie de Faulckemberghe, à lui venue par don et transport que lui en a fait noble et puissant seigneur Jehan de Vertain, conte dicelle conté, terre et seignourie : xj liures parisis.

» De messire Jehan de Vertain, s^r de Beaurieu, à present conte dudit Faukemberghe (2), par transport à luy fait par icellui Englebert de Vertain, son pere,

---

(1) Le 9 mars 1429, à Bruxelles, « Inglebert de Vertaing, seigneur de Biaulrieu », figure comme vassal du comte de F., son frère ainé, à cause de la terre de Familleureux (Archives du Nord, fonds de l'Archevêché). — Cf. Demay, *Sceaux de la Flandre,* n°s 133 et 1690. — D'après les deux exemplaires de son sceau, des années 1427 et 1429, Englebert de Vertain portait : Ecartelé de Vertain (une croix au lambel de trois pendants) et de Saint-Omer (une fasce), chargé sur le tout de Beaumont (deux bars adossés); le heaume cimé d'une tête de cygne. On remarque en outre, comme ornements du sceau, deux plumes de paon (qu'on retrouve sur le sceau du frère ainé). Légende : *Englebert de Vertain.*

(2) C'est celui-ci qui épousa, vers 1474, Bonne de Flandre-Drinckam, morte le 5 mai 1492 et gisant à Ste-Waudru de Mons (Bibl. publique de Douai, Ms. 967 ; Epitaphier de Malotau, de l'an 1740, IV, p. 393).

a esté receu, pour les droitures du vyaige que noble et puissant seigneur Jehan de Vertain, nagaires conte, prend sur ladite conté de Faulckemberghe et quil a retenu pour en joyr et user en tous prouffis et emolumens, ainsi et par la fourme et maniere quil joissoit au par auant ledit transport fait. Lesquelz droitures dudit viaige ont esté, par ceulx du conseil que mondit S^r [le duc de Bourgogne] a en la ville de Saint Aumer et aussi par les frans hommes jugeans ou chastel dudit Saint Aumer, estimé de paier, au prouffit de mondit S^r, la somme de vj ^{c} livres de xl gros.

» Dudit messire Jehan de Vertain, seigneur de Beaurieu, pour le relief et cambrelaige de ladite conté de Fauckemberghe, à lui venu par don et transport que icellui Englebert de Vertain, son pere, en a fait, pour et en auanchement de son mariage. Ycy pour ce : xj livres parisis. »

Folio iiij^{xx} xiij (aux articles de dépense du même compte). « A messire Jehan de Vertain, conte de Faulkemberghe, s^r de Beaurieu, auquel mondit S^r, par ses lettres patentes données en son siege de Nuysse, le xxij^e jour doctobre lan mil CCCC soixante quatorze, verifflées par Messrs les commis sur le fait de ses demaine et finances et pour les causes contenues en icelles, a donné, quictié et remis la somme de trois cens liures, du pris de xl gros, monnoie de Flandres, la liure, pour la juste moittié de six cens liures dudit pris, que ledit messire Jehan devoit à mondit S^r pour les droittures seignouraulx du transport dicelle conté à luy fait par Jehan de Vertain, nagaires conte dudit Fauckemberghe, pardeuant bailli et frans hommes de Saint Aumer, pour et au prouffit de Englebert de Vertain, son frere, à en joyr en tous prouffiz, apres le trespas dicellui Jehan de Vertain.

» Audit messire Johan de Vertain, par aultres lettres patentes dicellui mondit S`r`, données en sondit siege de Nuysse, ledit xxij° jour doctobre oudit an lxxiiij, veriffiées comme dessus et pour les causes contenues en icelles, a donné, de grace especial, la somme de trois cens liures dudit pris de xl gros, monnoie de Flandres, la liure, à prendre et avoir sur les droix seignouraulx du transport fait de ladite conté » (1).

1478-1479, folio xlix verso. « De messire Jehan de Vertain, conte de Faucquemberghe, chevalier, conseiller et chambellan de mon tres redouté seigneur, Mons`r` le duc dOstrice, de Bourgogne, etc., a esté receu, pour les droitures de quind denier de cent escus du pril de xlviij gros, monnoie de Flandres, lescu, de rente heritable par an, par luy nagueres vendu à messire Phl° de Crieuecœur (2) sur sadite conté de F. et pour luy racheter hors des mains des ennemis franchois, ausquelz il estoit prisonnier (3) en la ville de Ther`ne` [Térouane] et ailleurs, là où il a souffert de grans paines, trauaulx et poureté et mis à grosse et exces. ue raenchon, comme de vj `m` frans,

---

(1) Certaines ordonnances fiscales interdisant de faire la remise de la totalité des droits seigneuriaux échus au domaine, le prince transgressait ses propres lois en modérant les droits jusqu'à concurrence de la moitié et en faisant donation du reliquat.

(2) Philippe de Crèvecœur, sgr d'Esquerdes, gouverneur d'Artois, de Boulonnais et de Picardie, pour le roi de France, maréchal de France en 1483 (le P. Anselme, VII, p. 107).

(3) 1477. Les Français « prindrent la ville de Faulquemberghe. Et se tira le conte dudit lieu à Saint Aumer avec pluseurs des habitans dudit F., ses subjectz ». — *Mém. de la Société d'émul. d'Abbeville,* 1878, in-8, 3° série, II, p. 133. Chronique de Pierre Le Prestre, abbé de St-Riquier, mort en 1480.

monnoie que dit est dessus et plus. Laquelle raenchon luy eust esté impossible de furnir sans vendre, aliener ou du moins engaigier ses terres et seignouries et meismement sadite conté de Faucquemberghe. Dont la vente monta à la somme de xviij^c frans, à tous rachas. Qui est yci, pour droitures de quind denier, au prouffit de mondit S^r, la somme de iij^c lx frans dudit pris de xxxij gros, monnoie de Flandres, chacun franc. Qui font, à liures de xl gros, dite monnoie, la somme de ij^c iiij^{xx} viij liures de xl gros. »

On voit, au folio lxxij du même compte, aux articles de la dépense, que « Messrs les duc et duchesse dOstrice » et de Bourgogne, « par leurs lettres patentes données en leur ville de Bruxelles » le 29 novembre 1478, firent remise au comte de F. de la moitié des droits seigneuriaux et que « de grace especial » ils lui donnèrent le surplus.

1481-1482, folio lvij verso. « De messire Phl^e de Bourgoingne, chevalier, seigneur de Beures [Beveren au pays de Waes], pour les droitures de quind denier et droix seignouraulx deubz et appartenans à mondit S^r le duc [d'Autriche], à cause que depuis nagaires il sest fait decreter en la conté et seignourie de Faucquemberghe, par les bailli et frans hommes du chasteau de Saint Omer, dont la conté est mouuant et tenue, pour le sceurté du rapport du mariaige de feu Jehan de Beaumont (1), en son viuant conte de Faucquiemberghe, dune part et dame Vallencienne, fille de feu le seigneur de La Viefuille, dautre, eust esté accordé et promis par ledit feu le seigneur de Beaumont que, ou cas que aucuns enffans ne ysteroient et demouroient dudit mariaige, ladite conté et sei-

___
(1) Tué à Azincourt en 1415.

gnourie de Faucquembergue demouroit, pour rapport dudit mariaige, enuers ledit feu seigneur de La Viefuille, ses hoirs, successeurs et ayans cause, en la somme de six mil couronnes dor de lancienne forge du coing du roy de France. Lequel rapport, pour les alliances qui depuis ont esté continuellement entretenues entre ceulx qui ont succedé à ladite conté de Faucquemberghe et ceulx de La Viefuille (1), a esté tousjours continué, jusques à nagaires que icelli droit de rapport appartint audit s^r de Beures (2). Et il soit que, en approuvant le meisme droit de rapport, le ayant pour aggreable, messire Jehan de Vertain, chevalier, à present conte dudit Faucquemberghe, ayt accordé audit seigneur de Beures ledit decret et ypotecque. Et pour ce icy, pour ledit quind denier montans à la somme de mil deux cens desdits escus, extimés à xl sols chacune piece, par cedit receueur, pour tenir ordonne et regle de compte, qui montent, selon ladite extimation, à liures de quarante gros, monnoie de Flandres, la somme de ij ^m iiij ^c liures de xl gros » (3).

1502 (O 14, page 136). « Adolf (4) de Bourgogne,

---

(1) En 1444, Marguerite de La Viefville était unie à Jean de Vertain, celui qui, vers 1474, transporta à Englebert, son frère, son comté de Fauquembergue.

(2) Fils de Jeanne (et non Marie; le P. Anselme, I, p. 255) de La Viesville, fille de Pierre, seigneur de La Viesville et de Nedon, chambellan du duc Philippe le Bon et épouse du grand bâtard de Bourgogne; leur contrat de mariage fut passe à Gand, le 21 janvier 1445, vieux style (Archives du Nord, B 1606, folio cxv).

(3) Par lettres patentes données par le duc, à Bruges, le 4 janvier 1481 (v. st.), le seigneur de Beveren fut déchargé de la totalité du droit seigneurial (folio iiij ^{xx} j du même compte).

(4) On trouve dans le P. Anselme, I, p. 255, qu'une fille du

seigneur de Beures, de La Vere, etc., pour la comté de F. venue de hault et puissant seigneur messire Phil° de Bourgogne, seigneur de Beures, de La Vere, etc., son père (1).

» Jean de Hum'(2), escuier, s⁽ʳ⁾ de Villers le Potterie, pour la comté de F., à luy venue de noble seigneur messire Jean de Vertain, chevalier, comte dudit F.

» Jacques, seigneur d'Ittre (3) et de Baudemont, escuier, pour la comté de F., venue de messire Jean de Vertain, chevalier, comte dudit lieu, comme son prochain hoir apparant. »

1502 (du 24 juin au 31 mars suivant), folio xlj. « De Charles de Boulainuillers (4), escuier, seigneur

grand bâtard de Bourgogne, morte sans enfant, aurait épousé « Rodolphe, comte de Fauquemberg ». Voilà une génération et une alliance qui nous semblent nées de quelque bevue généalogique.

(1) Mort en 1498 d'après le *Nobil. des Pays-Bas*, édit. Herckenrode, Gand, 1865, in-4, I, p. 277. — Cf. le P. Anselme, I, p. 255.

(2) Sans doute celui que Le Blond (*Quartiers généalogiques*, Bruxelles, 1788, in-8, II, p. 273) appelle : « Jean de Hun, chevalier, comte de Fauquenberge, seigneur de Vilers, Beaurieu ».

Jean de Hun releva aussi en 1502 la terre de Beaurieux, mouvant d'Avesnes (Michaux, *Chronol. hist. des seigneurs d'Avesnes*, Avesnes, 1844, in-8, p. V) et qui était également passée des Beaumont aux Vertain.

(3) D'après Colonia (*Recueil généalog.*, Rotterdam, 1775, in-8, I, p. 223), Etienne d'Ittre, chevalier, épousa Jeanne de Vertain, tante du dernier comte de Fauquembergue, de la maison de Vertain.

Selon Carpentier (*Hist. de Cambray*, II, p. 710), « un Jacques d'Ittre », ayant hérité, par « Jean, s⁽ʳ⁾ de Vertaing », de la terre de « Familiereux sous Nivelle », la vendit, de concert « avec Jean de Hun, son coheritier ».

(4) Vers 1550 vivait en France « Philippe de Boulainvilliers,

dudit lieu, mary et bail de demoiselle Katherinne de Hauard (1), sa femme, la somme de unze liures parisis et ce pour les relief et cambellaige de toute la conté de Faulquemberghe, à elle escheue comme venue et descendue en lygne directe de feue de bonne memoire Margherite de Faulquemberghe, en son temps contesse dudit lieu (2), comme heritiere apparante dicelle contesse Margherite, sy comme il dist. Toute icelle conté, ainsi quelle se comprend et es-

seigneur de Boulainvilliers, de Verneuil et de St-Martin-sur-l'Arvon, baron de Préaux et de Rouvray, vicomte de Dreux, *comte* de Dammartin et *de Fauquembergues,* seigneur de Courtenay », époux de Françoise d'Anjou (Bourquelot, *Mém. de C. Haton,* Paris, 1857, in-4, II, p. 568, note 1).

C'était, bien entendu, un comte de F. *in partibus.* Le nom de Boulainvilliers se rencontre dans un vieux compte du domaine de St-Omer (de la Toussaint 1372, folios 11 verso et 14), mais seulement à propos de la rançon « dun prisonnier Englés prins à Saint Omer par Monsr de Boulainuiller » et dont le « tierch de ledite raenchon », montant à dix francs, fut arrêté « ou nom de Madame » (Marguerite de France, comtesse d'Artois, veuve de Louis I, comte de Flandre); mais cette princesse, « par ses lettres données à Arras », le 4 septembre 1372, en fit l'abandon à ce seigneur.

(1) Fille de George Havart, vicomte de Dreux, maître des requêtes de l'hôtel du Roi et d'Antoinette d'Estouteville; dès l'an 1496 elle était mariée au sgr de Boulainvilliers (le P. Anselme, III, 643 A et VIII, 94 A).

(2) Qu'était-ce que cette Marguerite de Fauquembergue ou de St-Omer? D'après le tableau généalogique dressé par M. Giry (p. 333 du tome XXXV de la *Bibl. de l'école des chartes),* je n'aperçois que Marguerite de St-Omer, épouse de Bauduin de Créquy et l'une des nombreuses filles du châtelain de St-Omer, Guillaume IV, mort vers 1191! Cette Marguerite n'avait d'ailleurs jamais possédé le comté de Fauquembergue.

Le paiement du droit fixe de relief ne faisait qu'affirmer des prétentions sur le fief ainsi relevé; c'était devant la juridiction compétente qu'il fallait les soutenir.

tend, en haulte justice, moyenne et basse, hommes feodaulx et cottiers, en rentes et aultrement, tenue, en ung seul fief, de Mons' l'archiduc, à cause de son chastel de Saint Omer. »

1505 (O 14, page 140). « Mons' Antoine de Ligne, comte de F., pour l'achat de ladite comté ».

Dans les coutumes de Fauquembergue, rédigées le 21 septembre 1507 (1), « ladite conté de Fauquemberghe, noblement érigée en conté, ayant plusieurs grands noblesses, auctoritez et preeminences », est indiquée comme appartenant à « Mons' Anthoine de Ligne, conte de Fauquemberghe, baron de Ligne, seigneur de Bailloeul [aujourd'hui Belœil], Monstroeul et de Relly ».

C'est à tort que des généalogistes ont affirmé que ce seigneur avait été « créé » comte de Fauquembergue ; car cette terre, étant un ancien comté, était vendue avec ses « noblesses et prééminences », sans que l'acquéreur eût besoin de lettres de confirmation ou de nouvelle érection en dignité.

Il convient toutefois de remarquer que les anciens châtelains de Saint-Omer ne se paraient point du titre de *comte,* mais qu'ils se contentaient de la qualification de *sire* de Fauquembergue, par exemple comme Guillaume III, qui en 1175 s'intitulait ainsi : *Ego Guillelmus, castellanus Sancti Audomari et castri Falkenbergensis dominus* (2) ; ou comme Guillaume V, d'après la légende de son sceau équestre (le bouclier aux armes de Saint-Omer), avec un contre-sceau ar-

---

(1) Bouthors, *Coutumes locales,* Amiens, 1853, in-4, II, p. 643.
(2) Bibl. nation., collection Moreau, vol. 79, folio 133 ; copie de dom de Witte, de l'an 1784, d'après l'original des archives de St-Bertin.

morial, appendu à une charte de l'an 1194 (1) : *Sigillum Willelmi castellani Sancti Audomari ☩ Et dominus Falkenbergie*. Néanmoins ce même châtelain parlait de « son comté » dans une charte de l'an 1234, passée le 11 août *(in crastino beati Laurentii martyris)*, en l'abbaye du Mont-Saint-Eloy : *actum apud Montem Sancti Eligii* (2). C'est qu'en effet la terre de Fauquembergue, unie depuis un temps immémorial à l'office féodal du châtelain de Saint-Omer, assurait à son puissant possesseur toutes les prérogatives dont un comte pouvait se prévaloir. Aussi n'est-il pas étonnant qu'à une époque où les titres commencent à devenir moins rares, le châtelain de Saint-Omer ait pu, sans aucune difficulté, se parer du titre de comte de Fauquembergue.

Quelle est l'époque précise où s'affirma cette prétention dans les actes authentiques? c'est une recherche à faire dans les archives. Nous pouvons seulement constater que, dans les Chroniques dites de Bauduin d'Avesnes, dans celles du moins dont la partie généalogique a été continuée jusque vers 1295, on parle déjà « de la chastelerie de Saint Omer et de *la conté* de Fakenbierke » (3).

---

(1) Id. vol. 96, folio 24.

(2) « Ego Guillermus, Sancti Audomari castellanus..... Conventui de Monte Sancti Eligii..... contuli foragium in quindecim doliis vini per annum, si ea in *comitatu meo* vel juridictione mea comparaverint, in usus proprios expendenda.... » — Collection Moreau, vol. 150, folio 10; copie de dom Quinsert, du 29 août 1768, d'après l'original des archives du Mont-St-Eloy. — Il est également question de ce comté dans une charte de 1224 *(Invent. som. des archives du Pas-de-Calais*, A, p. 13, col. 1).

(3) Bibl. nation., Ms. fr. 15460, écriture de la fin du XIII⁰ siècle, folio 131, 2⁰ colonne.

EXTRAITS

DE PLUSIEURS COMPTES DE HAINAUT

RELATIFS AU DUEL

du comte de Fauquembergue et du sire de Sorel.

1372.

Che sont les parties *des grans comptes* Monsr Allemant, *baillieu de Haynnau, del ofisce de le dite baillie, fais et rendus despuis le xve jour de juing lan lxxj, jusques au jour Saint Piere aoust entrant lan lxxij. Cest pour le terme de j an et vj sepmaines.*

Premiers. Parties dargent payet à pluiseurs mesaiges qui ont portet lettres en pluiseurs lieus.....

[Folio 4.] A *Rebeque* qui, en le sepmaine dou Grant Quaresme, porta lettres le baillieu à Mes^e *de Lanais*, priant que, le lundy xxiij^e jour de feurier, fust à Mons, deles lui, pour cause dou signeur *de Soriel* et sen au^{re} [adverse] partie (1). Payet : xij sols.

[Folio 4 verso.] A *Masset* le porteur au sack qui, le xviij^e jour de march, en ala à Valenchiennes, à *Canebustin*, liquels renuoia les nons des signeurs qui auoient estet pryet, au seruice à Condet, pour yestre à Mons, as prochains plais, à cause des campions. Et chou fist lidis

---

(1) Affin d'essayer « aucun boin apointement », ainsi qu'il est dit plus loin.

Cannebustins, pour tant quil le conuenoit cheualchier oultre : vij sols.

A *Braq[ue]nier* qui, le xxv° jour de march, porta lettres dou baillieu à Mons' le duck en Hollande, segneflant lestat des campions, et quil u aucuns de ses chevaliers fuissent, pour lonneur de luy et de le court, à le journée des plais et ossi segneflant del assise qui yestre deuoit au Caisnoit, le premier jour de cescun mois, dont riens nauoit estet fait et que de ce il lui plaisist à remander se volentet. Payet : lxv sols.

[Folio 6.] A *Jehan de Binch*, qui porta lettres dou baillieu, au Caisnoit, à me dame le duchesse, le dymenche deuant le Saint Piere et Saint Pol, pour le cause des campions. Et ce jour, vint medite dame à Saint Ghillain. Payet pour les frais de luy et son queual : viij sols.

A *Masset*, pour reporter à Auth [Ath] les escrips des frais dou camp le castelain d'Auth, qui nulle coppie nen auoit : v sols.

[Folio 9.] **Parties** *de pluiseurs journées u lidis baillius a estet en Haynnau, tant par mandement de lettres, sans lettres, comme en autre maniere que yestre luy conuenoit. ...*

[Folio 10.] Le joedy et venredy apres le camp, fu messire li baillius à Mons, dou command me dame qui là estoit, pour Mons' le duck que on ratendoit et, le samedi, jusques apres disner, que Mes° li dux se parti pour aler au Caisnoit. Ce sont : ij jours et demy.

[Folio 10 verso.] ..... A ij moutons franchois, le jour.....

[Folio 17] **Parties** *pour frais et coust des estoffes dou camp qui yestre deubt à Mons, entre le conte de Fauquemberghe et le signeur de Soriel, le mardi jour Saint Piere et Saint Pol ap*^{les} *[aposteles, apôtres] lan lxxij. Tant pour bos, pour ouurages de le main, pour fosserie, pour cordrie, pour gens et compaignons armés que li baillius eut daleis luy et pour autres pluiseurs menus frais eus en celi ocquison. Dont les parties sensuiwent :*

Premiers. Pour le bos dou parq u li bataille deubt yestre, u il eut cvj estaquez [poteaux] de boin bos de rinage, de xiij piés de lonck cescun, bien tailliet de viij pos [pouces] de gros desous et vij deseure. Item, en yeut ij de tel longhece et de x pos de gros pour les lices [barrières]. Et ces iiij pans [cloisons] viestir de roilez [traverses] iij lune deseure lautre, de xx piés de lonck de iiij pols et demy de leit et iij polz et demy despes. Item, pour les aliers et le liche des cordez xxviij estiaulz [pièces de bois de charpente] de xj piés de lonck cescun et viij pos de gros desous et vij deseure et otant de roillez lune deseure lautre. Dou petit parck et dotel longhece et groisseur. Item, vj liches de v polz et demy de gros. Item, xxiiij contrestaquez. Item, le maison dou castelet faite et ordenée de tous ouurages destiaus, de roilez, de loyme, dentretoises, de gistes, de faussure et de tout autre ouurage, selonc le deuise. Item, pour lautre parck, c iiij ^{xx} vj estakes de ront bos de xj piés de lonck, de xvij pols de tour. Et pour tout le soyage quil fali à cedit ouuraige. Payet iiij ^{xx} iij doubles frans de Haynnau, qui montent, au fuer deuant dit : clxvj livres.

Au frere maistre *Piere Aubri*, pour faire louuraige dessus dit de le main et le chastelet, marchandet à xv doubles et demy, qui montent, audit fuer : xxxj livres.

As kierpentiers qui les estoffes et louuraige dessus dit rouwarderent, pour sauoir se on auoit liuret et fait chou que faire on y deuoit, donnet pour aler boire : x sols.

Pour iij couuretures rouges de Valenchiennes, pour couurir le chastelet u li signeur deuoient sir, xxxvj franck de : xxxj livres.

A *Henry Le Grant*, fosseur de Houdaing, pour faire louuraige de le fosserie, cest assauoir : tous les fosseis et les douues reparer et faire dotel larghece tout partout quil sont à present au plus larghe lieu qui y est et ces dis fosseis rapierfondir, es poit et demy et le mie [la boue] jetter hors. Item, toutes les fosses de tous les estiauls et estakes qui y seront et ossi cesdittes fosses remplir apres les estiauls et estakes et bien et souffisaument repiler, ensi que à tel ouuraige appartient. Item, tout le parck u li bataille dut yestre planer et mettre hors toute le bruwiere et bien estoupper tous les traus des touwans [taupes] et faire tout ouuit [travaillé, achevé]. Marchandet audit *Henry* à recours, à xxvj livres.

A *Jehan de Pois*, markandet à lui de faire et assir toutes les cordes qui appertenoient au grant parck dou camp et les fist si grosses que de iij kiefs de cordes tors ensaule, alans parmy les estakes et autour et de iij telles cordes mises et asises à parchon lunne deseure lautre tout outre en outre. Markandet audit *Jehan* à recours, à xviij livres x sols.

A j mesaige qui, le jour dou Sacre (1), porta les criées et markandises dou camp à Maubuege et à Binch, pour faire crier. Payet, parmy le solaire dou crieur : xj sols.

Au clerck, pour faire les deuises et les criées des marchandises dou camp et recopyer pluiseurs fois, pour enuoyer en pluiseurs lieus crier : xl sols.

Pour iiij lances pour gletter les bailles payées par *Pierart Marchant* : xx sols.

A *Jakemin*, varlet maistre *Piere Aubri*, liquels fu à Valenchiennes, le nuit Saint Piere et Saint Pol, querre les couuretures de Valenchiennes, pour couurir le castellet dou camp, payet pour les frais de lui et de son keual à Valenchiennes et pour se voye et leuwier [louage] dou keual : xiiij sols.

A *Mauroit*, pour warder le camp, j jour demy et ij nuis, quant parfais fu, que nuls ny desiertast [n'y fît de dommage], à iij sols vj deniers, cascun jour et cascunne nuit. Monte : xiij sols.

A *Jehan de Le Fosse*, pour otel faire, j jour et une nuit : iij sols vj deniers

A *Jean Petit*, pour otel faire auoeck *Mauroit*, jour et demy et une nuit : v sols vj deniers.

A *Godeleut*, pour otel faire, j jour et une nuit : iij sols vj deniers.

(1) Fête-Dieu; en 1372, le jeudi 27 mai.

A *Jehan Petit,* dessus dit, pour ouuyer [travailler, aplanir] les tieres entre ij cordis (1) et entour le camp : xv sols.

A *Jehan Pasque*..., pour ij ° de claus, de xiiij livres, par xxviij deniers le cent et ij ᶜ et demy de latte ˢ, par xiiij deniers le cent, pour clower le comble dou castelet. Montent : x sols vj deniers.

Pour frais à le maison *Pierart Marchant*, par pluiseurs fies : lvj sols.

A *Jehan Craspournient*, pour frais de lui et se clerck et pour j escamiel [escabeau] : xxj sols.

A maistre *Willaume Aubri*, pour pluiseurs paines quil en a eut, j double franck de : xl sols.

A *Jakemart Biset*, pour torses que on a eut à lui, aucunes nuis, ou castiel par nuit : xv sols.

Pour frais une fois pour ces besoingnes à le maison *Noel* : x sols.

Pour Monsʳ le baillieu, ses gens et ses keuals, à xx keuals, le samedi deuant le camp, quil fu à Mons, le dimence, lundi, mardi et mierquedi, despendi, ces v jours, à xiij frans le jour, parmy keuals et souruenans : lxv frans de Haynnau. Vallent : lxv livres.

Pour frais et despens des siergans de Mons et dailleurs et ossi pour pluiseurs autres compagnon auoeck yauls, que messire li baillieus fist yestre et tenir toudis ensaule, le nuit dou camp et le jour et faire leur frais à le maison *Willaume de Raimes*. Despendirent, le tierme quil y furent : vj livres xij sols.

Pour les frais et despens le prouuost de Binch, pluiseurs compagnons auoeck lui et x arbalestriés et leur harnas, que lidis prouuos amena, le journée dou camp, dou coumant Monsʳ le baillieu. Despendirent, payet par ledit Monsʳ le baillieu : xxij livres iiij sols x deniers.

Et est sans les frais de pluiseurs offisyers Monsʳ le duck, qui furent à Mons, le nuict dou camp, pour lendemain

---

(1) Cordon ou ligne de cordes. L'usage fit de « cordis » ou « cordic » un synonyme de lice.

aidier à warder, atout compagnons darmes et pluiseurs arbalestriés, dont li baillieus ne compte nient, pour chou que li ofisyer en compteront. Liquel frait des offisyers montent bien iij ᶜ lxiiij livres u enuiron, sans chou que li baillius en a payet, si quil pert chi deuant (1).

Somme dargent payet par ledit bailliu, pour et à le cause doudit camp, sans ce que li autres officyer Monsʳ le duck y fisent : iij ᶜ iiij ˣˣ v livres xiij sols x deniers tournois

Chest li comptes *que messires Alemans, bastars et baillius de Haynnau, fait à sen treschier et tresredoubté signeur, monsigneur le duck* Aubiert de Baiwiere, *bail et gouureneur de Haynnau et de Hollande et à sen conseil. De tout chou que lidis baillius a rechiupt et rendut des explois de le baillie de Haynnau, despuis le xv*ᵉ *jour de juin lan lxxj, jusques au jour Saint Piere entrant aoust lan lxxij......*

[Folio 16 verso.] Pour les frais et despens le signeur *de Lannais,* qui mandés fu à Mons, les ij premieres journées (2) dou camp que li sires de Soriel eut contre le conte de Fauquemberghe. Si le manda lidis baillius pour yestre daleis luy et aidier à traitier aucun boin apointement. son euwist peut. Despendi à ces ij voies, en venant de Lannais (3) à Mons, demorant et retournant : x frans de x livres tournois.

Pour les frais et despens *Mahieu de Troulle,* par iij

---

(1) Nous publions plus loin les articles de dépense des comptes des prévôts de Valenciennes, du Quesnoy et de Maubeuge : ils ne montent qu'à 145 livres environ. La différence entre cette somme et celle de 364 livres évaluée par le bailli (soit 219 livres) devait se retrouver dans les comptes des prévôts d'Ath, de Bavai, etc., du châtelain de Bouchain, qui, pour cette année-là, manquent aux Archives du Nord.

(2) Les 23 et 24 février 1372, nouveau style, ainsi qu'il est dit plus haut.

(3) La seigneurie de Lannais, mouvant de la Motte d'Orchies, était située à Nomain.

jours quil fu à Condet et en pluiseurs autres lius, pour querre pluiseurs nobles, loist assavoir : Monsr *de Lannais*, Monsr *Bauduin d Aubrechicourt*, le signeur de Mastaing, le signeur de Floion, Monsr *Willaume de Ville*, Monsr *Eurart de Florsies* et autres, que messire li baillius prioit destre as plais, pour le court renforchier, à le cause dou camp devant dit. Despendi, en chou faisant : xxx viij sols.

A *Colart Durant*; pour otel faire en pluiseurs lius, adont : xv sols.

A *Jehan de Binch*, pour otel faire à Trasignies, à Espinoit, à Binch, à Maubuege et là environ : xviij sols.

Pour frais *Pieron Le Fieron* qui, le xve jour dauril, en ala à Tournay renonchier au signeur de Soriel les plais qui falir deuoient, pour chou que li baillius en aloit en Hollande viers Monsr le duc. Despendi pour luy et sen queual, le terme de ij jours, parmy j messagé qui porta une lettre de *Jaquemart dou Mortier*, de Mons à Cambray, audit signeur de Soriel, affin que point on ne fausist de sauoir le contreman de le journée : xxx sols.

Audit *Pierart* qui, lendemain, porta le plakart messire *Jehan de Le Poelle* (1) del estaulissement que messire li baillius li fist, si auant que faire pooit, quant lidis baillius fu en Hollande, pour entendre as besongnes dou pays de Haynnau. Se le porta monstrer le preuost le conte en Valenchiennes, au preuost dou Caisnoit, au castellain de Bouchaing et au preuost de Bavay. Despendi, pour ij jours : xxx iij sols.

[Folio 17 verso.] Pour frais et coust des estoffes dou camp qui yestre deubt à Mons, entre le conte de Fauquemberghe et le signeur de Soriel, le mardy jour Saint Piere et Saint Pol lan lxxij. Tant pour bos, pour louurage de le main, pour fosserie et corderie, comme ponr gens et compaignons armés que li baillius eut daleis luy, le nuit et le

(1) Bâtard de Hainaut, prévôt de Maubeuge; en 1366, il était bailli de Hainaut. Lors de son voyage en Hollande, « messire Allemant », bâtard et bailli de Hainaut, lui laissa ses pouvoirs.

jour dou camp, sans les offiscyers dou pays, dont li baillius ne conte riens, hors mis le preuost de Binch et se kierque et ossi pour pluiseurs menues coses et menus frais quil conuint auoir et faire, à le cause doudit camp. Dont li somme de chou qui payet a estet par ledit baillu, si quil pert par le quayer des dittes parties : iij ᶜ iiij ˣˣ v livres xiiij sols x deniers (1).

Et des frais que li offiscyer dou prinche fisent adont, en venant pour ledit camp aidier à warder et dont cescuns comptera, monte bien iij ᶜ lxiiij frans, pour yaus, leur routes et pluiseurs arbalestriés. Dont lidis baillius no compte nient.

[Folio 21.] Pour les frais *Thiery Le Poul* qui, le xxᵉ jour de juin, en ala dou Caisnoit à Ais [Aix-la-Chapelle] porter lettres dou bailliu à Monsʳ le duck, priant pour Dieu que reuenir volsist au camp à Mons et que besoins seroit, tant pour celi cause, comme pour pluiseurs autres besongnes. Despendy, tant pour alant, demorant, comme pour retournant, pour le terme de vj jours, ij doubles francs de : iiij livres.

Lendemain de le journée que li camps deubt yestre, fu me dame li ducesse veir lordenance doudit camp. Si donna as ouuriers pour aler boire : xx sols.

A *Jehan de Castiel* de Mons, pour j queval à leuwʳ [loyer, louage] pris à luy, lendemain dou jour Saint Piere et Saint Pol, pour j cambrelenc aler sus viers Ais, de par Medame, viers Monsʳ le duck. Se tint ledit queval iiij jours, de : xx sols.

[*Folio 12 du compte du grand bailliage de Hainaut, du 22 août 1372 au 24 juillet 1373.*]

Le joedi deuant le Repus dimence (2), fu li baillius toute jour au Caisnoit, au mandement de Monsʳ le duck, auoecq les aultres dou conseil qui adonc y furent, pour le cause dou signeur de Soriel et dautres besongnes et y fu

(1) Voir ci-dessus le détail.
(2) Le 31 mars 1373, nouveau style.

lendemain jusquez au disner. Cest le terme de jor et demi, qui montent : vj frans.

[*Extrait du compte de la prévôté de Valenciennes, du 8 décembre 1371 au 1er août 1372, rendu par « monsigneur Grart de Vendegies », chevalier, prévôt-le-comte; folio 22e et dernier, recto et verso.*]

Pour les frais le preuost Monseigneur, venant à Mons le lundi [28 juin 1372] à le giste, dont li camps se deuoit faire lendemain dou signeur de Soriel et dou conte de Faukemberghe, au mandement Monsr le bailliu [de Hainaut], auoec li : *Tiestart de Vendegies, Robiert de Vendegies*, le castelain de Faumars, *Jehan de Vendegies, le Borgne de Buat, Jakemart Le Cat, Nicaise Le Bible, Adan Blanchart, Bauduin de Le Fosse* et *Nicaise de Dury* (1) et pluiseurs autres, à xix keuauls et auoeckez xl, que arbalestriers, que archiers de le ville de Valenchiennes. Demourans celi jour, lendemain et le mierkedi raler. Despendut par les dessus dis, dont les parties sont plus clerement en j quayer qui en fait mention et ossi furent deliurées tres dont pardeuiers Monsr le bailliu faisant mention. En somme : lxvij livres xix sols tournois.

[*Extrait du compte de la prévôté du Quesnoy, du 9 juin 1371 au 1er août 1372, rendu par « mesires de Sommaing »; folio 14 verso.*]

Pour frais fais par Monsr le preuost, pluissers compaignons auoeck lui, monteis et armeis et xvj arbalestrieis de le ville dou Quesnoit, liquel alerent à Mons, au commant Monsr le bailliu de Haynnau, quant li camps se deut faire dou conte de Faukenbierge et dou signeur de Soriau. Monterent li frait, parmy le sollaire de *Colart Edewart* qui mena le harnas et armures desdis arbalestrieis, dun kar à ij keuaus : xxix livres x sols.

[*Extrait du compte de la prévôté de Maubeuge, du 24 juin 1371 au 15 juillet 1372, rendu par « Jehan*

---

(1) Clerc ou greffier de la prévôté-le-comte (*Mémoires historiq.*, Valenciennes, 1865, in-8, I, p. 92).

de Le Poele, chevalier, bastard de Haynnau »; *folios 10 verso et 11 verso.*]

Le lundy deuant le jour de Pasques flories[15 mars 1372, nouveau style], dou command Mons' le bailliu [de Hainaut], se parti lidis prouuos et en ala à Le Haie en Hollande, pardeuiers Mons' le duk, lui signifiyer pluiseurs besoingnes qui estoient adont perilleuses ou pays de Haynnau, si com à cause dou camp empris entre le conte de Faukemberge et le singneur de Soriel......

Pour les despens fais par ledit prouuost à cause dou camp empris entre le conte de Faukemberge et le singneur de Soriel. Et premierement, le lundi à le giste à Mons pour lui et ses sergans, à xij keuauls, xx arbalestriers et v vallés auoech yauls, j kar à iij keuauls et ij vallés qui menerent le harnas darbalestriers : despendirent xviij livres xv sols vj deniers. Item, lendemain fu laendroit lidis prouuos à xxv keuauls, auoech les arbalestriers, vallés et harnas dessus dis : si despendirent en ce jour xxv livres xiij sols. Le merquedy au matin, se desjunerent et se partirent que pour reuenir à Malbuege lidit arbalestriers, leur vallés et kareton : et despendirent xlvij sols. Et pour ledit prouuost à v keuauls, à leur desjun [déjeuner] oudit mierquedy : xxiiij sols. Cest que lidit prouuos despendi à celle voie à cause doudit camp : xlvij livres xix sols vj deniers.

TABLE

des noms de famille et de seigneurie [1]

(1) *L'astérique indique les renseignements héraldiques.*

~~~~~~~~~~

Aerschot (Sgrie d'), prov. de Brabant, Belgique, p. 16.
Ailly (d'), p. 15.
Amiens (Vidamie d'), p. 15.
Anjou (d'), p. 24, note 4.
Anjou (Duché d'), p. 10.
Artois (Comté d'), p. 12, 13, 18, 19, 24, note 4.
Auberchicourt (d'), p. 35.
Aubigny (Sgrie d'), Aubigny-au-Bac, arrond. de Douai, p. 16, note.
Aubri, p. 31 à 33.
Autriche (Duché et Archiduché d'), p. 21, 22, 26.

Bailloeul (Sgrie de), aujourd'hui Belœil, prov. de Hainaut, Belgique, p. 26.
Baudemont (Sgrie de), hameau d'Ittre, p. 24.
Bavière (Maison de), p. 6, 7, 9 à 11, 30, 35 à 36, 38.
Beaumont (de), p. 10 à 12, 13*, 15 et note, 16 et note, 19, note 1*, 22, 24, note 2.
Beaumont (Châtellenie ou Vicomté de), prov. de Hainaut, Belgique, p. 13.
Beaurieu (de Beaumont *dit* de), p. 10, 11, 15, 16 et note.
Beaurieux (Sgrie de), arrond. d'Avesnes, Nord, p. 11, 19 et note 1, 20, 24, note 2.
Bécoud (de), p. 17, note 3.

Bécoud (Sgrie de), Bécourt, arrond. de Montreuil, p. 17, note 3.
Beveren (Sgrie de), prov. de la Flandre orientale, Belgique, p. 22, 23 et note 3, 24.
Bible (Le), p. 37.
Binch (de), p. 30, 35.
Biset, p. 33.
Blanchart, p. 37.
Boulainvillers (de), p. 24 et note 4, 25.
Boulainvillers (Sgrie de), p. 24 et note 4, 25.
Bourgogne (Maison de), p. 15, 16, 22, 23 et notes 2 et 3, 24.
Bourgogne (Duché de), p. 15, 16 et note, 17, 20 à 22, 23, note 2.
Bournonville (de), p. 14, note 1.
Braquenier, p. 30.
Brieg (de), p. 7, 9.
Buat (de), p. 37.

Cannebustin, p. 29, 30.
Capres (Sgrie de), p. 14, note 1.
Castel (de), p. 36.
Chabot, p. 11.
Conflans (de), p. 12.
Courtenay (de), p. 24, note 4.
Craspournient (Gras-pour-rien), p. 33.
Créquy (de), p. 25, note 2.
Crèvecœur (de), p. 21 et note 2.
Croy (de), p. 16, 17 et note 3, 18.
Croy (Sgrie de), p. 16, 17 et note 3, 18, 19.

Dammartin (Comté de), p. 24, note 4.
Dreux (Vicomté de), p. 24, note 4, 25, note 1.
Durant, p. 35.
Dury (de), p. 37 et note.

Edewart, p. 37.
Esquerdes (Sgrie d'), arrond. de Saint-Omer, p. 21, note 2.
Estouteville (d'), p. 25, note 1.

Famars (Châtellenie et Sgrie de), p. 37.
Familleureux (Sgrie de), prov. de Hainaut, Belgique, p. 16, note, 19, note 1, 24, note 3.

Fauquembergue (Châtellenie ou Vicomté de), p. 16, 17.
Fauquembergue (Comté de), *passim*.
Fieron (Le), p. 35.
Flandre-Drinckam (de), p. 19, note 2.
Flandre (Comté de), p. 11.
Florsies (de), p. 35.
Floyon (Sgrie de), arrond. d'Avesnes, Nord, p. 35.
Fosse (de Le), p. 32, 37.
France (Maison de), p. 10, 13, 24, note 4.
France (Royaume de), p. 10, 13, 21, note 2, 25, note 1.

Godeleut, p. 32.
Goeulzin (Sgrie de), arrond. de Douai, p. 10, note 2.

Hainaut (Maison de), p. 6, 29, 34, 35 et note, 37-38.
Hainaut (Comté de), p. 6, 9, note 2.
Havart, p. 25 et note 1.
Hénin-Liétard (Comté d'), arrond. de Béthune, p. 14, note 1.
Hollande (Comté de), p. 6.
Hom (de), p. 11.
Hordain (Sgrie d'), arrond. de Valenciennes, p. 12.
Hun (de), p. 24 et note 2.

Ittre (d'), p. 24 et note 3.
Ittre (Sgrie d'), prov. de Brabant, Belgique, p. 24.

Jeumont (de), p. 10.

Lalaing (de), p. 11, 12.
Lannais (Sgrie de), à Nomain, arrond. de Douai, p. 5, 29, 34 et note 3, 35.
La Vere (Sgrie de), p. 24.
Le Cat, p. 37.
Le Grant, p. 31, 32.
Le Poul, p. 36.
Ligne (de), p. 14, 26.
Ligne (Baronnie, Comté et Principauté de), prov. de Hainaut, Belgique, p. 14, note 1, 26.
Luxembourg (Maison de), p. 13, 14.

Marchant, p. 32, 33.

Masset, p. 29, 30.
Mastaing (Sgrie de), arrond. de Valenciennes, p. 35.
Maubeuge (de), p. 11.
Mauroit, p. 32.
Mauvoisin, p. 10 et note 1.
Monstroeul (Sgrie de), p. 26.
Mortier (du), p. 35.

Nédon (Sgrie de), arrond. de Saint-Pol, p. 23, note 2.

Obies (d'), p. 11.
Oisy (Sgrie d'), arrond. d'Arras, p. 10, note 2.
Ostrevant (Sénéchaussée d'), p. 12.

Petit, p. 32, 33.
Pitgam (Sgrie de), arrond. de Dunkerque, p. 16, note.
Poele (de Hainaut *dit* de Le), p. 6, 35 et note, 37-38.
Pois (de), p. 32.
Porcéan (Comté de), p. 16.
Préaux (Baronnie de), p. 24, note 4.

Raimes (de), p. 33.
Raineval (de), p. 14, 15.
Rebeque, p. 29.
Relly (Sgrie de), p. 26.
Renty (de), p. 17, note 3.
Renty (Sgrie de), p. 16, 17 et note 3, 18.
Rouvray (Baronnie de), p. 24, note 4.
Roye (de), p. 10.

Saint-Martin-sur-l'Arvon (Sgrie de), p. 24, note 4.
Saint-Omer (Maison de), p. 12, note 3*, 19, note 1*, 25 et note 2, 26*, 27.
Saint-Omer (Châtellenie ou Vicomté de), p. 10 à 13, 26, 27.
Saint-Pol (Comté de), p. 13, 14.
Sepmeries (Sgrie de), arrond. d'Avesnes, Nord, p. 11.
Sommaing (Sgrie de), arrond. de Cambrai, p. 37.
Sorel (de), p. 10*.
Sorel (Fief de), à Gœulzin, p. 10, note 2.
Sorel (Sgrie de), en Picardie, p. 5 à 7, 9, 10, 29, 30, 34 à 38.

Térouane (Avouerie de), p. 12.
Troulle (de), p. 34.

Vendegies (de), p. 37.
Verneuil (Sgrie de), p. 24, note 4.
Vertain (de), p. 15, note, 16 et note*, 19 et note 1*, 20, 21, 23 et note 1, 24 et notes 2 et 3.
Viefville (de La), p. 15, note, 16, 22, 23 et notes 1 et 2.
Viefville (de La), p. 22, 23 et note 2.
Ville (de), p. 35.
Villers-Potterie (Sgrie de), prov. de Hainaut, Belgique, p. 24 et note 2.

www.ingramcontent.com/pod-product-compliance
Lightning Source LLC
Chambersburg PA
CBHW070714050426
42451CB00008B/639